SORCIERE DE LA LUNE

L'ORACLE SORCIÈRE DE LA LUNE

Cosmic
VALERIA

W0355694

SOMMAIRE

LES CARTES DE CONNEXION AUX DÉESSES DE LA LUNE

LES CARTES DE CLAIRVOYANCE SELON LA SAGESSE SORCIÈRE

LES CARTES MESSAGE

LA SORCIÈRE DE LA LUNE

C'est une vieille âme, c'est une guérisseuse.
Elle est en accord avec la Lune,
en traverse les phases avec grâce.
Elle porte la parole vraie,
est la voix des faibles.
Elle parle aux animaux
et murmure aux rivières.
Elle protège la Terre
et célèbre ses saisons.
Elle est déesse de chair et de sang.
Elle associe la magie à l'autosoin.
Elle connaît sa valeur.
Elle est sorcière.

PRÉSENTATION

L'oracle de la sorcière de la Lune a été inspiré par l'exploration de la féminité et la source de tous les pouvoirs féminins : la Lune.

Le jeu comprend 42 cartes réparties en 4 séries : Action, Connexion, Clairvoyance et Message.

Chaque carte propose un rituel ou un sort pour renforcer votre connexion à votre Moi supérieur et à votre sorcière intérieure, tout en approfondissant votre pratique spirituelle et en vous permettant de devenir plus clairvoyante.

Je souhaite que cet oracle vous inspire et vous incite à vivre plus en harmonie avec les cycles de la nature et de la Lune, en apprenant à honorer et à célébrer vos pouvoirs féminins.

LA SÉRIE DE CARTES ACTION

Elle regroupe les cartes Lune, qui vous incitent à réfléchir et à examiner tous les aspects de votre vie. Surtout, ces cartes vous invitent à l'action.

Il y a deux façons de les utiliser :

1. ***En suivant les phases lunaires :*** tirez la carte qui correspond à la phase en cours et placez-la sur votre autel personnel, votre espace sacré, ou sur tout autre endroit de votre lieu de vie. Observez les illustrations, méditez sur cette carte ; vous pouvez aussi la placer sous votre oreiller avant d'aller vous coucher. Qu'est-ce qui vous vient à l'esprit ? Vous sentez-vous enthousiaste ou fermée ? Soyez particulièrement attentive à vos émotions.

2. ***À tout moment,*** vous pouvez utiliser ces cartes. Elles vous conseilleront sur l'action à entreprendre.

LA SÉRIE DE CARTES CONNEXION

Ces cartes Déesses de la Lune représentent neuf archétypes de déesses qui, chacune, ont leur propre connexion à la Lune. Ces archétypes remontent à des temps immémoriaux ; ces déesses vivent toutes en nous. En les comprenant mieux et en nous connectant à elles, nous pouvons nous relier à notre sagesse intérieure ; des vérités intimes sur les autres et sur nous-même peuvent nous être révélées.

Chaque carte Déesse comporte un rituel ou un sort qui vous permet de contacter votre déesse intérieure et de l'invoquer. Si l'une de ces cartes choisit de se révéler au cours d'un tirage, ne l'écartez pas d'emblée ; effectuez plutôt des recherches sur l'archétype de déesse représenté. Puis posez cette carte sur votre autel personnel ou mettez-la sous votre oreiller. Méditez sur l'illustration ou la signification de la carte. Les déesses constituent une immense source de connaissance et de sagesse. Elles nous apprennent à grandir, à développer la conscience de soi, à découvrir notre vraie nature, à identifier nos dons, nos compétences, et des domaines de croissance potentielle.

LA SÉRIE DE CARTES CLAIRVOYANCE

Ce sont les cartes Sagesse sorcière. Elles vous conseillent et vous orientent, invoquent la guérison, encouragent l'inspiration et permettent de réduire au silence les bruits extérieurs, afin que vous puissiez entendre plus clairement votre voix intérieure. Les cartes Clairvoyance sont des fragments de sagesse sorcière transmis de génération en génération.

Chaque fois qu'une telle carte vous choisit lors d'un tirage, inspirez profondément et soyez à l'écoute de votre corps et de votre intuition. Si vous sentez une résistance, ne vous précipitez pas pour en tirer une autre. Passez un peu de temps avec cette première carte, écrivez dans votre journal intime ce que vous ressentez. Méditez sur l'image ou sa signification. Qui sait ce que vous découvrirez ? Peut-être serez-vous très surprise.

LA SÉRIE DE CARTES MESSAGE

Ces cartes vous transmettent un message clair de **l'Univers**. Concis, ces messages ont cependant un potentiel illimité.

COMMENT UTILISER CET ORACLE

Voici quelques-uns de nos tirages favoris. Ils sont simples d'utilisation et nous les recommandons à toute utilisatrice de *L'oracle de la sorcière de la Lune*. Choisissez la série qui convient le mieux à votre intention, à votre question ou à votre objectif.

Il n'y a pas de bonne ou de mauvaise façon de lire ou de tirer les cartes de l'oracle ! Chaque utilisatrice a sa propre technique, qui est unique, et interprète les significations dans le contexte de son expérience. Plutôt que de vous concentrer sur la théorie ou sur les instructions, trouvez votre propre manière de vous connecter à vos cartes. Réveillez votre intuition, invitez vos guides à communiquer avec vous par le truchement de l'oracle. Ces cartes sont un outil magique très puissant, elles donnent la réponse appropriée à la question que vous posez au moment du tirage.

TIRAGE FLASH (UNE CARTE)

Ce tirage est particulièrement adapté à une question ou une situation spécifiques.

- Battez les cartes avec soin.
- Posez votre question en pensée ou à haute voix.
- Coupez le jeu en trois, puis rassemblez les trois coupes dans l'ordre de votre choix.
- Étalez les cartes devant vous, passez la paume de votre main au-dessus des cartes ainsi déployées et tirez-en une.
- Gardez cette carte entre vos mains pendant un moment. Connectez-vous à son énergie et connectez-la à votre propre énergie, puis concentrez-vous et écoutez votre voix intérieure.

TIRAGE INTENTION (UNE CARTE)

Ce tirage vous permet, en toute simplicité, de vous orienter ou de définir la juste intention du jour, du mois. Il vous permet également de procéder à une séance de guérison.

- Battez les cartes avec soin.
- Demandez un conseil ou exprimez votre intention en silence ou à haute voix.

- Coupez le jeu en trois, puis rassemblez les trois coupes dans l'ordre de votre choix.
- Étalez les cartes devant vous, passez la paume de votre main au-dessus des cartes ainsi déployées et tirez-en une.
- Gardez cette carte entre les mains pendant un moment. Connectez-vous à son énergie et connectez-la à votre propre énergie, puis concentrez-vous et écoutez votre voix intérieure.

TIRAGE PASSÉ, PRÉSENT, FUTUR (TROIS CARTES)

Le tirage à trois cartes est idéal si vous voulez obtenir une vue d'ensemble des défis, opportunités ou situation en cours.

- Battez les cartes avec soin.
- Posez votre question ou décrivez avec précision le défi auquel vous faites face. Vous pouvez le formuler en silence ou à voix haute.
- Coupez le jeu en trois, puis rassemblez les trois coupes dans l'ordre de votre choix.

- Étalez les cartes devant vous, passez la paume de votre main au-dessus des cartes ainsi déployées et tirez-en trois.
- Retournez les cartes les unes après les autres.
  - La première carte représente le passé.
  - La deuxième carte représente le présent.
  - La troisième carte représente le futur.
- Gardez ces cartes entre vos mains pendant un moment. Connectez-vous à leur énergie et connectez-les à votre propre énergie, puis concentrez-vous et écoutez votre voix intérieure.

TIRAGE RELATIONS (TROIS CARTES)

Ce tirage vous permet de faire la lumière sur tous les types de relations : sentimentales, amicales, familiales, professionnelles.

- Battez les cartes avec soin.
- Posez votre question ou énoncez précisément le défi auquel vous faites face. Vous pouvez le formuler en silence ou à haute voix.
- Coupez le jeu en trois, puis rassemblez les trois coupes dans l'ordre de votre choix.

- Étalez les cartes devant vous, passez la paume de votre main au-dessus des cartes ainsi déployées et choisissez-en trois.
- Retournez les cartes les unes après les autres.
  - La première carte vous représente.
  - La deuxième carte représente l'autre personne dans la relation qui vous intéresse.
  - La troisième carte représente la relation qui vous intéresse dans sa globalité.
- Gardez ces cartes entre vos mains pendant un moment. Connectez-vous à leur énergie et connectez-les à votre propre énergie, puis concentrez-vous et écoutez votre voix intérieure.

LES CARTES ACTION LIÉES AUX PHASES DE LA LUNE

1. LUNE NOIRE

MARQUEZ UNE PAUSE ET REPOSEZ-VOUS. VOUS LE MÉRITEZ.

1. Lune noire

Marquez une pause et reposez-vous.
Vous le méritez.

Vous êtes appelée à faire un examen de conscience, à penser et réfléchir, et peut-être à annuler vos projets pour tout simplement vous reposer. Progresser et grandir ne sont possibles que dans le silence. Les instants de calme nous apportent la clairvoyance. Nous apprenons et nous nous développons lorsque nous sommes présents à nous-mêmes. Quelle que soit la voie qui s'ouvre devant vous, quelles que soient les expériences que vous avez vécues, n'omettez pas cette phase importante de votre croissance spirituelle. Tirez les enseignements de la Lune.

La Lune noire est le Savasana du cycle lunaire. Pendant plusieurs heures, la Lune devient complètement invisible au milieu du ciel étoilé. Alors, marquez une pause, savourez le silence, détendez-vous, et laissez toutes les leçons que vous avez tirées des expériences passées s'enraciner en vous.

BAIN RITUEL DE LA LUNE NOIRE

- Énoncez votre intention et faites couler un bain chaud*.
- Allumez votre bougie ou votre encens favori pour créer une atmosphère douce et chaleureuse.
- Ajoutez à votre bain 250 g d'un sel de votre choix pour détendre vos tensions musculaires : sel d'Epsom, de l'Himalaya, de la mer Morte, etc.
- Versez quelques gouttes de votre huile essentielle préférée pour stimuler vos sens et favoriser votre sommeil.
- Dispersez une poignée de fleurs (fraîches ou séchées).
- N'oubliez pas de boire un grand verre d'eau pour bien hydrater votre peau et entretenir votre rayonnement.

- Prenez place dans la baignoire et, si cela ne vous gêne pas qu'il soit un peu mouillé, munissez-vous de votre journal intime, et réfléchissez pendant cinq minutes : quelles leçons avez-vous tirées de vos expériences au cours du mois passé ? De quoi aimeriez-vous vous libérer ?
- Détendez-vous et imprégnez-vous de la magie de la Lune noire.

**Si vous n'avez pas de baignoire, un bain de pieds est tout aussi magique et bénéfique.*

2. NOUVELLE LUNE

NOUVEAU DÉPART. NOUVEAUX COMMENCEMENTS.

2. Nouvelle lune

Nouveau départ. Nouveaux commencements.

Vous êtes appelée à ne pas vous inquiéter d'occasions manquées. Vous êtes sur le point de prendre un nouveau départ.

La nouvelle lune symbolise la naissance, l'ouverture d'une nouvelle page dans votre vie. C'est une seconde chance qui vous est régulièrement offerte. La nouvelle lune est la toute première lueur qui révèle, en les éclairant, vos vrais désirs et vos objectifs les plus authentiques.

Ne perdez pas votre temps et votre énergie à ressasser des erreurs ou des échecs. Relevez la tête, sentez l'esprit d'initiative que vous apporte la nouvelle lune, soyez consciente d'un regain d'énergie. Énoncez vos intentions, plantez-en les graines et avancez, un pas après l'autre. Vous le pouvez ! Et, un beau jour, ces graines fleuriront en pleine lumière.

RITUEL DE LA NOUVELLE LUNE

- Installez-vous confortablement, avec un stylo et du papier.
- Écrivez vos intentions pour le mois à venir. Lorsque nous mettons les choses par écrit, nous avons davantage de chances de nous en souvenir et de passer à l'action.
- Méditez sur votre liste d'intentions.
- Lisez-la à haute voix.
- Conservez-la sur vous pendant au moins un cycle lunaire.
- Revenez-y souvent et apportez-y des modifications, si nécessaire.

3. PREMIER CROISSANT

CONTINUEZ À ALLER DE L'AVANT. VOUS RÉUSSIREZ.

3. Premier croissant

*Continuez à aller de l'avant.
Vous réussirez.*

Vous êtes appelée à persévérer dans votre voie et à garder confiance. Le premier croissant de lune symbolise la confiance, le courage et l'élan nécessaire pour continuer.

La vie est pleine d'enseignements, d'obstacles et de miracles. Donnez à vos rêves et à vos intentions de l'espace pour fleurir, et du temps pour s'épanouir. Même si vous ne voyez pas encore les fruits de votre travail acharné, persévérez. Poursuivez vos rêves. Pour décrocher la lune, vous devez être prête à vous dépasser, c'est-à-dire à vous lancer un défi et redoubler d'efforts. Mais il se peut aussi que vous ayez à faire preuve de patience en attendant la récompense. Quelle que soit l'étape où vous en êtes, n'abandonnez pas. Le meilleur reste à venir.

SORT DE COURAGE

Cette phase lunaire se prête idéalement aux rituels pour renforcer le courage. Pendant plusieurs siècles, le thym a été un symbole de force et de bravoure dans de nombreuses sociétés européennes. Par exemple, dans l'Antiquité, les Grecs en ajoutaient dans leur bain et l'utilisaient en guise d'encens dans leurs lieux de culte. Au Moyen Âge, les femmes offraient souvent des branches de thym aux chevaliers qui partaient en guerre, pour leur apporter le plus grand courage.

Pour ce sort, il vous faudra :

- *1 bocal en verre avec couvercle*
- *de l'eau*
- *une branche de thym biologique*

- Placez la branche de thym dans le bocal.
- Remplissez ce bocal d'eau et fermez-le hermétiquement.
- Déposez le bocal dehors, au clair de lune.
- Laissez reposer toute la nuit, afin que le thym infuse et diffuse ses propriétés dans l'eau.
- Le matin venu, filtrez l'eau et versez-la dans un bocal propre.
- Conservez l'eau au réfrigérateur jusqu'à son utilisation (veillez à la consommer rapidement).
- Vous pouvez boire cette « eau de courage » ou l'ajouter à votre bain.

4. PREMIER QUARTIER

LE MOMENT EST VENU DE VOUS ENGAGER.

4. Premier quartier

Le moment est venu de vous engager.

Vous êtes appelée à vous engager pleinement dans vos objectifs. À 100 %. Il est temps de foncer !

Demi-cercle flottant dans le ciel nocturne, le premier quartier est d'une enivrante beauté. Sa partie visible représente les actions, les décisions, la confiance et l'engagement ; sa partie invisible et obscure, les défis. Ces défis et les obstacles qui jalonnent votre itinéraire font partie du voyage. Alors, continuez à aller de l'avant malgré les éventuelles difficultés ou les peurs. Vous n'êtes jamais sûre de faire face à un authentique défi : l'Univers, peut-être, se joue de vous et teste ainsi votre engagement. Alors, donnez-vous à fond ! Que rien ne vous arrête ! Ne doutez pas de vous !

RITUEL DE PERSÉVÉRANCE AU QUOTIDIEN

- Pour ne pas perdre le fil de vos intentions et de vos engagements, faites chaque jour une liste de vos tâches, que vous rayerez au fur et à mesure de leur accomplissement. Vous éprouverez un sentiment de satisfaction en voyant votre liste se réduire à chaque nouvelle réalisation.
- Gardez la trace de vos engagements et réfléchissez à vos réalisations.

5. GIBBEUSE CROISSANTE

CHANGER DE DIRECTION : C'EST BIEN, C'EST NORMAL.

5. Gibbeuse croissante

Changer de direction : c'est bien, c'est normal.

Il vous est demandé de vous pencher sur votre situation actuelle. Examinez vos objectifs et projections avec la plus grande clairvoyance. Si vous ressentez la nécessité d'effectuer des changements pour atteindre vos buts, agissez *maintenant*. C'est le moment idéal. Ne perdez pas une minute. Le temps est précieux. La vie est précieuse.

La gibbeuse croissante est la dernière phase avant la pleine lune. Elle incarne les ajustements, la perfectibilité et la réalisation.

Dans la vie, tout ne se déroule pas toujours conformément à nos prévisions. Parfois, il est normal, logique, de changer de direction. Gardez confiance en l'Univers, il vous soutiendra dans tous les voyages que vous entreprendrez. Faites confiance à votre nouvelle orientation. Surtout, faites-*vous* confiance.

SORT DE CLAIRVOYANCE

- Prenez place, avec un stylo et du papier.
- Décrivez l'objectif, la situation, la vision ou la projection qui nécessite plus de lucidité de votre part.
- Avant d'aller vous coucher, placez cette feuille sous votre oreiller.
- Le lendemain matin, au réveil, prenez votre journal intime.
- Écrivez tout ce qui vous est parvenu au cours de la nuit. Qu'avez-vous vu ? Comment l'avez-vous ressenti ? Parfois, la réponse est claire ; parfois, elle se présente sous forme de symboles et de signes qu'il vous faut décrypter.
- Prenez le temps d'analyser le message qui vous a été transmis. Il renferme la réponse.

RÉCOLTEZ LES FRUITS D'UN DUR LABEUR.

6. Pleine lune

Récoltez les fruits d'un dur labeur.

La pleine lune, c'est le moment où tout remonte à la surface : vos efforts, vos actions, vos émotions. Rien ni personne ne peut échapper à l'œil omniscient de la pleine lune. C'est le point culminant du cycle lunaire. Vous êtes appelée à vous retourner sur le mois passé afin de faire le point sur vos réalisations et votre développement personnel. Les graines que vous avez plantées ont-elles germé, mûri et donné leurs fruits ? Avez-vous manifesté tout ce que vous vouliez ? Si tel est le cas, c'est le moment de célébrer, d'honorer, et de vous octroyer un plaisir.

Si votre intention, votre rêve ou votre souhait ne s'est pas pas concrétisé mettez-le en lumière, à la lueur de la pleine lune. Interrogez-vous : étiez-vous assez concentrée lorsque vous avez pratiqué la pensée positive conformément à la loi de l'attraction ? Désirez-vous vraiment que cette intention, ce souhait ou ce rêve se réalise ?

Marquez une pause. Réfléchissez. Et souvenez-vous : ce n'est pas le moment d'être dure avec vous-même ni de vous attacher aux résultats. Tirez les enseignements de la leçon. Lâchez prise, réjouissez-vous. Vous faites de votre mieux.

BAIN RITUEL DE LA PLEINE LUNE

- Énoncez votre intention et faites couler un bain chaud*.
- Ajoutez 250 g d'un sel de votre choix pour détendre vos tensions musculaires : sel d'Epsom, de l'Himalaya, de la mer Morte, etc.
- Versez quelques gouttes d'huile essentielle de lavande pour stimuler vos sens et favoriser votre sommeil.
- Complétez par un peu de romarin ou une rondelle de citron pour vous porter chance.
- N'oubliez pas de boire un grand verre d'eau pour bien hydrater votre peau et entretenir votre rayonnement.

- Allongez-vous dans votre baignoire, déposez une améthyste, un quartz rose ou un quartz clair (cristal de roche) sur votre poitrine.
- Respirez profondément pendant quelques instants.
- Détendez-vous et imprégnez-vous de la magie de la pleine lune.

Si vous n'avez pas de baignoire, un bain de pieds est tout aussi magique et bénéfique.

7. GIBBEUSE DÉCROISSANTE

COMPTEZ LES BIENFAITS DONT VOUS AVEZ ÉTÉ COMBLÉE.

7. Gibbeuse décroissante

Comptez les bienfaits dont vous avez été comblée.

Vous êtes appelée à exprimer votre gratitude. Souvent, nous sommes tellement préoccupées par nos désirs et nos objectifs que nous oublions d'apprécier ce que nous faisons chaque jour et qui nous procure du bien-être. Alors, marquez une pause, accordez-vous un instant pour réfléchir : à quoi, ou à qui, pourriez-vous exprimer votre gratitude aujourd'hui ?

La Lune gibbeuse décroissante représente l'acceptation, la reconnaissance et le partage. Plutôt que d'entreprendre quelque chose de nouveau, ralentissez et concentrez-vous sur la gratitude ; elle nous connecte au Divin. Selon Douglas Wood, « *Le cœur qui remercie est un cœur heureux, car nous ne pouvons pas nous sentir reconnaissants et malheureux en même temps.* »

RITUEL DE GRATITUDE

- Prenez place, avec un stylo et du papier.
- Faites une liste de gratitudes. Consignez dix situations qui vous inspirent le plus de reconnaissance : famille, ami·es indéfectibles, lumière du soleil, repas quotidiens, etc. Listez tout ce qui vous vient à l'esprit.
- Réfléchissez à votre vie.
- Prenez conscience des bienfaits pour lesquels vous exprimez votre gratitude.

8. DERNIER QUARTIER

QU'EST-CE QUI VOUS RETIENT ?

8. Dernier quartier

Qu'est-ce qui vous retient ?

Vous êtes appelée à réévaluer vos objectifs, à libérer ce qui est devenu inutile, et à laisser place au pardon. À mi-chemin entre la nouvelle et la pleine lune, le dernier quartier représente l'introspection, la réévaluation et le pardon. Ce n'est pas le moment de vous reposer ou de vous arrêter, mais plutôt de vous concentrer et de vous assurer que vous êtes sur la bonne voie. Rien ne doit vous retenir ou vous empêcher d'accomplir votre Moi supérieur.

Vous êtes à un carrefour, et vous devez évaluer vos progrès avant de continuer. Regardez le chemin déjà parcouru. Qu'est-ce qui fonctionne pour vous ? Qu'emporterez-vous dans vos bagages ? Vous réalignez-vous avec vos projets initiaux ou vous faut-il les réajuster ? Une douleur ou un traumatisme vous empêchent-ils d'atteindre vos objectifs ? Existe-t-il un obstacle à votre bonheur, quelque chose qui vampirise votre énergie ?

Écoutez votre cœur intensément et attentivement. Réévaluez vos projets, votre parcours. Examinez vos succès et vos erreurs. Pardonnez à votre pire ennemi, pardonnez-vous. Assurez-vous que tout est aligné avec votre Moi supérieur.

SORT DE PURIFICATION

Nettoyez votre espace et votre aura des énergies négatives et stagnantes. Vous pouvez, par exemple, allumer votre bougie préférée, utiliser du Palo Santo ou des brins de romarin séché, mélanger de l'armoise avec des pétales de rose, saupoudrer du sel dans chaque recoin de votre maison, ou simplement ouvrir les fenêtres pour aérer et faire entrer une énergie nouvelle et vivifiante dans votre lieu de vie.

9. LUNE BALSAMIQUE

LES CHOSES VONT ET VIENNENT. ABANDONNEZ-VOUS À L'UNIVERS.

9. Lune balsamique

Les choses vont et viennent.
Abandonnez-vous à l'Univers.

La Lune balsamique, également connue sous le nom de lune décroissante, est le dernier éclat de lumière avant l'arrivée de la nouvelle lune.

Métaphoriquement, c'est le moment de la mort qui précède la renaissance. L'ancien cycle est sur le point de se terminer, un nouveau cycle s'amorce.

Le mot « balsamique » viendrait du mot latin *balsamum*, qui signifie, « baume ». Ainsi la Lune balsamique symbolise la libération, l'abandon et l'apaisement.

Profitez-en pour vous retirer du monde. Reposez-vous, réinventez-vous. Plus important, lâchez prise, car rien n'est plus crucial dans le processus de guérison.

N'oubliez pas : vous êtes sur le point de prendre un nouveau départ. Alors, n'emportez pas vos problèmes avec vous. Soyez prête. Rêvez en grand. Préparez les graines de vos rêves.

BAIN RITUEL DE LA LUNE BALSAMIQUE

Pour ce rituel, il vous faudra :

- *500 g de sel d'Epsom.*
- *125 ml de vinaigre de cidre.*
- *10 gouttes de votre huile essentielle préférée.*
- *Quelques feuilles de laurier séchées.*

- Faites couler un bain chaud, ajoutez le sel, le vinaigre de cidre et les gouttes d'huile essentielle.
- Placez les feuilles de laurier près de vous et écrivez ce que vous aimeriez libérer, relâcher.
- Si coucher vos obstacles sur papier vous est trop douloureux, écrivez simplement ces mots : « Je suis libre, il n'y a aucun obstacle devant moi, mille mains invisibles soutiennent mon voyage, rien ne me retient. »

- Ensuite, ajoutez les feuilles de laurier à votre bain (vous pouvez aussi choisir de les brûler).
- Laissez le sel et le vinaigre de cidre diffuser leur magie dans l'eau.

10. LUNE BLEUE

VOUS ÊTES PRÊTE. RÉALISEZ VOTRE CHEF-D'ŒUVRE.

10. Lune bleue

Vous êtes prête.
Réalisez votre chef-d'œuvre.

Il vous est demandé de terminer votre projet, votre création, votre chef-d'œuvre.
Quel projet avez-vous lancé puis négligé, oublié, parce que vous avez manqué d'énergie ou perdu l'étincelle créative nécessaire à sa réalisation ?
La Lune bleue est une pleine lune amplifiée. Une pleine lune deux fois plus puissante. Son énergie est si forte et si réelle qu'elle en est presque palpable. Cette énergie tangible favorise l'accomplissement. La Lune bleue est un second souffle. Un puissant élan d'énergie et d'inspiration. Pensez à elle comme à la touche magique finale qui parachève un chef-d'œuvre.

Il existe plusieurs façons de définir la Lune bleue, mais le plus souvent, elle est connue comme la deuxième pleine lune apparaissant dans un mois calendaire. Cela ne se produit que rarement, ce qui explique le dicton « once in a blue moon », ce qui signifie, littéralement, une fois toutes les lunes bleues , autrement dit : « une fois tous les 36 du mois ».

RITUEL POUR EXPLOITER L'ÉNERGIE DE LA LUNE BLEUE

Le secret pour exploiter une énergie aussi puissante est simple et se résume en deux mots : soyez inspirée ! Il est important de persister dans votre élan créatif et d'éviter de vous essouffler pendant que vous travaillez et manifestez vos désirs et intentions.

- Faites une liste de vos idées et inspirations : opportunités, collaborations, nouveaux projets, voyages... Notez tout ce qui vous passe par la tête ! Vous pouvez même réaliser un tableau de visualisation de votre réussite.
- Faites tout votre possible pour rester enthousiaste, inspirée, et continuez à avancer pour accomplir votre chef-d'œuvre.

11. ÉCLIPSE DE LUNE

VOUS ÊTES AU SEUIL D'UNE DIMENSION SUPÉRIEURE.

11. Éclipse de Lune

Vous êtes au seuil d'une dimension supérieure.

Vous êtes appelée à vous connecter à votre Moi le plus élevé. L'éclipse lunaire représente une passerelle énergétique qui permet à des fréquences et à des êtres supérieurs de nous atteindre, de nous guider et de nous impacter. Cela peut vous sembler impressionnant, n'ayez crainte ! Les éclipses apportent des événements qui font partie du plan divin. Il est temps de quitter votre zone de confort pour vous aligner avec votre Moi supérieur.

Lorsque des changements de vie nécessaires s'amorcent ou lorsque vous avez l'impression que tout, autour de vous, s'accélère, c'est le signe que la porte de la dimension supérieure est ouverte. Il est possible que quelque chose que vous avez relégué au plus profond de votre âme ressurgisse.

Lorsque la porte est ouverte, l'Univers vous soutient et vous guide à travers une transformation à grande échelle. Faites confiance à la direction dans laquelle cette énergie vous guide. Concentrez-vous sur vos désirs les plus authentiques.

Les éclipses de lune sont rares, car elles ne peuvent avoir lieu que lorsque le Soleil, la Terre et la Lune sont alignés. Une éclipse lunaire se produit lorsque la Lune et le Soleil se trouvent exactement sur des côtés opposés. La plupart des années civiles comptent deux éclipses lunaires.

RITUEL DE CONNEXION AU DIVIN

La dimension supérieure est silencieuse. Il n'y a pas de mots ni de bavardages. Les êtres supérieurs communiquent par télépathie. C'est pourquoi la méditation est la meilleure façon de vous connecter à votre Moi supérieur.

- Installez-vous confortablement. Il n'est pas nécessaire d'adopter la position du lotus, le Divin ne se soucie pas de votre souplesse. Prenez place sur une chaise ou faites la posture de l'enfant, asseyez-vous en tailleur ou allongez-vous. Assurez-vous seulement d'être à l'aise. Si cela vous convient, réglez un minuteur.
- Restez immobile, considérez vos pensées. Nul besoin de les contrôler ou de les réduire au silence. Soyez-en simplement l'observatrice. Le silence recèle tant de sagesse et de connaissances !

LES CARTES DE CONNEXION AUX DÉESSES DE LA LUNE

12. SÉLÉNÉ

ILLUMINEZ LE CIEL OBSCUR DE VOTRE ENTOURAGE.

12. Séléné

Illuminez le ciel obscur de votre entourage.

Séléné est la déesse grecque de la Lune. Son équivalent chez les Romains est Luna. Elle est aujourd'hui largement vénérée par les néopaïens. Séléné est la prêtresse de la pleine lune et est aussi appelée « l'œil de la nuit ». Personne ne peut échapper à son regard. Elle a le contrôle du temps et, comme la Lune, est en perpétuel changement.

Séléné inspire l'amour et éveille l'intuition. Elle est passionnée et dévouée. Selon les légendes, cette déesse était amoureuse d'un beau berger, un mortel, et l'observait à son insu chaque nuit pendant qu'il dormait au milieu de ses bêtes. Ensemble, ils eurent cinquante filles.

Bien qu'elle soit une déesse puissante et très active, toutes les nuits, Séléné tire la Lune à travers le ciel avec son char d'argent et amène sa lumière dans le ciel nocturne. Apportez cette même lumière dans votre vie et soyez attentive à votre entourage. Êtes-vous aimante et attentionnée avec votre famille et vos amie·s ? Avez-vous de solides relations avec elles ? Est-ce que vous rendez à la communauté ce qu'elle vous donne ? Êtes-vous bienveillante et généreuse ? Qui, dans votre vie, pourrait recevoir plus d'attention de votre part ?

RITUEL DE BIENVEILLANCE « AU PETIT BONHEUR »

Pour vous connecter à la déesse Séléné, accomplissez un acte de bienveillance spontanément. Laissez par exemple un généreux pourboire au restaurant, offrez un café à un inconnu, installez une mangeoire pour les oiseaux, etc. Il n'est pas nécessaire de dépenser des fortunes pour être généreuse.
Consacrez plus de temps à votre famille, faites du bénévolat au refuge ou au centre d'accueil local, établissez un lien avec une voisine ou un voisin âgé, écoutez votre ami·e ou partenaire en y mettant tout votre cœur. Suivez votre impulsion, et apportez la lumière.

13. HÉCATE

LE CHANGEMENT EST IMPORTANT. LIBÉREZ-VOUS DU PASSÉ.

13. Hécate

Le changement est important.
Libérez-vous du passé.

Hécate est la déesse grecque de la magie, de la sorcellerie, des carrefours, des fantômes, des herbes et des plantes toxiques. Elle est la protectrice et la libératrice des femmes, et brise les chaînes du patriarcat. Libre et indépendante, elle est à la fois amour et colère, lumière et obscurité. Elle est la prêtresse de la Lune noire. Hécate est une sorcière.

Hécate embrasse de son triple regard le passé, le présent et l'avenir.

Elle rappelle que les changements sont cruciaux pour grandir. Parfois, elle nous demande de nous départir de nos habitudes afin de voyager dans les endroits les plus sombres de notre âme. Mais n'ayez crainte ! Qui recherche la protection d'Hécate peut se déplacer en toute sécurité dans l'obscurité.

SORT DE LA CROISÉE DES CHEMINS

Si vous vous trouvez à la croisée des chemins, et que vous êtes dans l'incapacité de prendre une décision, demandez son aide à Hécate.

- Pendant la nuit la plus noire du mois, prenez place, munie d'un stylo et d'une feuille de papier, et écrivez votre question.
- Ensuite, déposez cette feuille à un carrefour (ou devant votre porte, comme c'était l'usage dans l'Antiquité) avec une offrande destinée à Hécate et ses chiens. Elle voyagera dans votre passé, votre présent et votre avenir, et vous apportera la réponse.

Soyez attentive aux signes, notamment à vos rêves, et surtout aux fidèles messagers d'Hécate : chiens, chevaux, hiboux, chauves-souris, serpents, sangliers, ainsi qu'aux raisins secs et aux groseilles, à toutes les plantes à floraison nocturne, cannelle, myrrhe, armoise, au miel, à la tourmaline noire, à l'onyx noir et au quartz fumé.

14. DIANE

NE FAIRE QU'UNE AVEC LA NATURE.

14. Diane

Ne faire qu'une avec la nature.

Diane est la déesse romaine de la magie, de la sorcellerie, des femmes et des enfants, de la nature sauvage, de la fertilité et de la chasse.

Comme de nombreuses autres déesses, elle est pétrie de paradoxes. Diane incarne la dualité. Bien qu'elle soit vierge, elle choisit de protéger les femmes pendant leur accouchement. Bien qu'elle soit chasseresse, elle aime profondément les animaux.

Diane partage la trinité lunaire avec Séléné et Hécate. Elle incarne le croissant de lune et la couleur blanche. Diane est féministe, protectrice des femmes et des sorcières. Elle sait ce qu'elle veut et comment l'obtenir. Elle n'appartient à aucun homme. Bien qu'elle soit l'une des déesses de la Lune, elle a les deux pieds sur terre et y est fermement ancrée. C'est un esprit libre qui vit dans les bois et les forêts. Diane ne fait qu'une avec la nature.

RITUEL POUR VOUS CONNECTER À VOTRE DIANE INTÉRIEURE

Sortez, parlez aux animaux et aux plantes, et écoutez le murmure des rivières. Courez librement dans la forêt. Chuchotez vos prières dans l'air vif et froid du matin.

Si votre régime alimentaire se compose de viande, formulez une prière et remerciez l'esprit de l'animal.

15. FREYJA

VOUS ÊTES DIGNE D'ESTIME. VOUS ÊTES AIMÉE.

15. Freyja

Vous êtes digne d'estime. Vous êtes aimée.

Dans la mythologie nordique, Freyja est la déesse de l'amour et de la guerre. Elle est également associée au sexe, à la luxure, la beauté, la sorcellerie, la fertilité, l'abondance et à la mort.

Freyja est en quête de volupté, de sensations fortes et de passion. Certains pensent que seuls les plaisirs et le chaos des désirs l'attirent, or les néopaïens et les sorcières modernes savent qu'elle n'est pas seulement une amante et ne symbolise pas uniquement un égarement passager des sens. C'est la déesse nordique la plus ancienne et la plus puissante. Une guerrière, une métamorphe et une force de la nature, sauvage et indomptée.

Freyja nous enseigne la conscience, l'estime et l'amour de soi. Elle voit la beauté en chacun et en tout. Elle aime tout.

Freyja nous rappelle de prendre plaisir à chanter, à danser, et à jouir de l'union charnelle. La vie ne se résume

pas à une lutte sans cesse renouvelée pour payer ses factures et perdre du poids. Soyez inspirée par Freyja. Soyez présente à votre corps, ressentez toute la gamme des émotions et des sensations humaines.
Pour honorer Freyja, on lui offrait du miel. Cette déesse a aussi inspiré les poètes vikings. Son animal totem est un chat, qui est un lien sacré avec la Lune.

SORT DU POT DE MIEL

Pour ce sort, il vous faudra :

- *un petit bocal en verre avec un couvercle en métal,*
- *une feuille de papier et d'un stylo,*
- *du miel,*
- *une petite bougie.*

Prenez place, avec un stylo et du papier, et écrivez ce que vous désirez au plus profond de votre cœur. Quel que soit votre désir, soyez la plus précise possible.

- Puis, enroulez votre papier et placez-le dans le bocal en verre.
- Versez le miel jusqu'à ce que le pot en soit rempli, puis vissez le couvercle hermétiquement. Vous pouvez aussi y placer certaines plantes ou herbes, des cristaux ou des objets. C'est la partie intuitive du sort, selon votre intention. Si vous demandez l'amour, vous pouvez ajouter du quartz rose ou des pétales de rose. Si vous souhaitez l'abondance financière, placez-y un billet ou une pièce de monnaie, du basilic, etc. Écoutez votre voix intérieure.
- Lorsque vous avez achevé le processus, placez la bougie sur le couvercle. Vous pouvez demander à Freyja de vous guider et de vous soutenir.
- Permettez à la bougie de sceller votre sort en laissant la cire couler sur les côtés du bocal.
- Vous pouvez conserver le pot de miel sur votre autel personnel ou sur votre table chevet aussi longtemps que vous vous sentez connectée à votre intention et en accord avec celle-ci, ou jusqu'à ce que votre souhait se réalise.

16. CÉRÈS

AIMEZ-VOUS, MATERNEZ-VOUS.

16. Cérès

Aimez-vous, maternez-vous.

Cérès est la déesse romaine du grain, de la récolte et de l'amour maternel. C'est une déesse de la pleine lune, une mère et une sauveuse. Elle régit la fertilité et le mariage, ainsi que les transitions que vivent les femmes, de l'enfance à la maternité.

La fille de Cérès, Proserpine, séjourna avec son époux aux Enfers pendant six mois au cours desquels Cérès devint maussade. Il en résulta les six mois d'automne et d'hiver. Lorsque Proserpine lui revint, Cérès célébra son retour par le printemps et l'été.

Tout comme la fille de Cérès, nous traversons des phases sombres et difficiles. À un moment donné, nous comprenons que nous ne pouvons plus attendre que notre entourage résolve nos problèmes. Nous devons apprendre à nous orienter par nous-mêmes, en commettant des erreurs et en en tirant des enseignements, en allant de l'avant et sans nous raccrocher à une planche de salut. Bien que Cérès veuille protéger toutes ses filles, elle est là pour nous apprendre à nous protéger, à être fortes et à travailler dur.

RITUEL D'AUTOMATERNAGE

S'automaterner, cela signifie répondre à nos propres besoins émotionnels, physiques et spirituels en adulte, de la manière dont notre mère nous a maternées dans notre enfance.

Prenez le temps d'accomplir un simple rituel d'amour envers vous-même. Cessez de vous critiquer et de vous dénigrer. Soyez bienveillante envers vous-même, en pensées et dans vos actions. Soyez bienveillante avec votre corps, nourrissez-le d'aliments sains et réconfortants. Sachez que vous êtes toujours aimée.

17. ISIS

LANCEZ DES SORTS. PROTÉGEZ. GUÉRISSEZ.

17. Isis

Lancez des sorts. Protégez. Guérissez.

Isis est la déesse égyptienne de la fertilité, de la magie et de la guérison. La mère des pharaons. Une sorcière. Elle associe le pouvoir des énergies lunaire et solaire pour nourrir et guérir son peuple. Elle incarne le mystère profond et immémorial du pouvoir féminin de créer et d'insuffler la vie, même à partir de la mort – ainsi ramena-t-elle son mari à la vie grâce à ses pouvoirs magiques.

Isis nous rappelle que nous, les femmes, avons le pouvoir de guérir. Il nous suffit de faire confiance à notre savoir et de suivre notre intuition. N'écoutez pas ceux et celles qui vous disent ce dont vous êtes capable ou pas. Vous êtes la seule à pouvoir décider, réaliser et manifester tout ce à qui vous vient à l'esprit.

BAIN RITUEL DE PROTECTION ET DE GUÉRISON

Isis croyait au pouvoir du lait et l'utilisait dans nombre de ses sorts de protection et de guérison. Lorsque Horus, son fils, fut blessé, elle le guérit grâce aux vertus de son lait.

- Faites-couler un bain chaud*.
- Faites chauffer 250 à 500 ml de votre lait préféré et versez-le dans votre bain.
- Lorsque vous entrez dans la baignoire, respirez profondément.
- Souvenez-vous qu'il y a une déesse en vous.
- Détendez-vous, et imprégnez-vous de cette magie.

**Si vous n'avez pas de baignoire, un bain de pieds est tout aussi magique et bénéfique.*

18. LILITH

REVENDIQUEZ VOTRE POUVOIR.

18. Lilith

Revendiquez votre pouvoir.

Les origines de la déesse Lilith remontent à la tradition juive. Les histoires qui lui sont liées sont sombres : quête de nouveau-nés, relations sexuelles avec des hommes pour engendrer des enfants démoniaques.
Qui est Lilith ? Une sorcière maléfique ? Une nouvelle victime du patriarcat ? Lilith est la déesse de la nuit, la première femme d'Adam et son égale.
C'est une chouette effraie. C'est la reine des vampires et des incubes. Lilith, c'est chaque femme qui a été réduite au silence, humiliée et bannie de la société. La colère de Lilith, c'est la colère de toutes celles qui ont été blessées, opprimées et accusées.
Personne ne peut contrôler ou apprivoiser Lilith. Elle est la voix de toutes les femmes, jeunes et moins jeunes. La déesse de la Lune noire. Elle apporte la guérison, le repos, la paix et la renaissance, car elle nous rappelle que nous devons nous réapproprier notre pouvoir. Elle nous incite à nous lever et à clamer

notre vérité, à embrasser à égalité notre part d'ombre et notre part de lumière.
Ne redoutez plus d'être jugée. Réappropriez-vous votre pouvoir. Reprenez ce qui vous revient de plein droit. Ce voyage est réservé aux cœurs courageux, mais soyez sans inquiétude, Lilith est toujours à vos côtés.

RITUELS POUR VOUS CONNECTER À VOTRE LILITH INTÉRIEURE

Instruisez-vous sur Lilith. Il y a tellement de récits et de textes qui nous ont été cachés, de la tradition juive aux anciennes civilisations mésopotamiennes. Prenez le temps de vous informer, Lilith offre tant de sagesse et de connaissances !

Lilith vous invite aussi à teinter votre sexualité de magie !

Si vous avez besoin de protection ou de conseils, écrivez à Lilith le jour le plus obscur du mois.

19. KALI

ALLEZ VERS L'INCONNU. N'AYEZ PAS PEUR.

19. Kali

Allez vers l'inconnu. N'ayez pas peur.

Dans l'hindouisme, Kali est la déesse du temps, de la destruction, de la transformation et de la révolution. Elle incarne l'amour profond. C'est la déesse de la Lune noire. Kali, la destructrice, la guerrière. Kali la noire. Kali la mère. Sa peau est sombre ou bleu foncé, car elle absorbe l'obscurité et la négativité de l'Univers, et ne laisse dans son sillage que la félicité.

Kali a le pouvoir de détruire le monde, de le renvoyer au vide obscur et aux cendres. Pourtant, en même temps, elle crée la vie à partir du néant. Rien ne lui fait peur. Là où il y a la douleur, elle danse afin d'apporter le bonheur. Là où sont l inquiétude et l'incertitude, elle danse afin d'apporter le courage et la confiance.

Kali nous rappelle que tout dans la vie obéit à un cycle. Ce qui est ancien doit céder la place à ce qui est nouveau. Craignez-vous de sortir de votre zone de confort et d'aller vers l'inconnu ? La peur vous paralyse-t-elle ? Êtes-vous retenue par vos liens ? Kali vous incite à vous élever, à évoluer et à faire le premier pas vers l'inconnu. Vous avez tout son soutien.

RITUEL POUR INVOQUER KALI

Lorsque vous avez peur d'assumer votre pouvoir, invoquez Kali.

- Prenez place, avec un stylo et du papier
- Écrivez vos croyances négatives et limitantes.
- Visualisez-vous en train de les offrir à Kali afin qu'elle les détruise. Vous pouvez également utiliser une bougie noire ou bleue pour brûler le papier (n'oubliez pas de placer un bol d'eau à portée de main pour éteindre ensuite la flamme).
- Laissez la bougie vous rappeler qu'une petite flamme peut consumer l'obscurité et illuminer toute une pièce. Comme Kali.

20. SEKHMET

COURAGE. VÉRITÉ. TRAVAIL DE L'OMBRE.

20. Sekhmet

Courage. Vérité. Travail de l'ombre.

Sekhmet est la déesse égyptienne de la guerre et de la destruction. Fille de Rê, le dieu-Soleil, elle était autrefois désignée comme « l'œil de Rê ». Selon la mythologie égyptienne, Rê tenta de punir l'Humanité en envoyant sa fille sur Terre sous la forme d'une lionne. Elle y devint Sekhmet, ce qui signifie « la Puissante ». Cette déesse a un caractère léonin. Elle incarne la foudre, le courage et la bravoure. Bien que Sekhmet ne soit pas considérée comme une déesse de la Lune, sa double nature est profondément liée à l'astre lunaire. Les Égyptiens croyaient en effet que Sekhmet s'emparait du Soleil le jour, et donnait naissance à la Lune la nuit.

Elle vous incite à vivre chaque jour avec passion et intensité, à suivre votre voie, formuler votre vérité, prendre conscience de votre valeur, et à libérer une rage bien légitime. Soyez passionnée et courageuse, réveillez la lionne qui est en vous.

Sekhmet nous rappelle également notre double nature : féminité et masculinité, douceur et colère, joie et tristesse. Nous sommes des êtres complexes, nous n'avons pas à choisir entre tel ou tel extrême, tout peut vivre en nous simultanément, et c'est bien ainsi. Déesse de l'ombre, Sekhmet vous soutient dans ce travail. Elle vous guide vers votre part d'ombre. Demandez-lui son aide, Sekhmet est toujours prête à vous l'apporter.

SORT DE BOUGIE-COURAGE

Si vous ressentez un jour le besoin de recevoir du courage ou de la confiance, priez Sekhmet et ayez recours à ce sort.

Pour accomplir ce sort, il vous faudra :

- *une petite bougie et un support,*
- *un couteau (ou tout autre outil permettant de graver la bougie),*
- *quelques gouttes d'une huile essentielle de votre choix.*

- Pour commencer, asseyez-vous et concentrez-vous : qu'est-ce que le courage signifie pour vous ? Quels mots ou symboles l'illustrent ?
- Ensuite, gravez des mots, des symboles ou des signes de courage sur votre bougie. Vous pouvez utiliser à cet effet un couteau, ou, pour les bougies fabriquées avec une cire moins dure, un cure-dents. Ne précipitez pas le processus. Soyez attentive à ce que vous gravez.
- Puis, enduisez toute la bougie de votre huile essentielle préférée afin de sceller le sort.
- Allumez votre bougie et restez devant.
- Observez la flamme. Sentez le courage emplir votre cœur.

LES CARTES DE CLAIRVOYANCE SELON LA SAGESSE SORCIÈRE

21. TREIZE

LE FÉMININ DIVIN. APPROPRIEZ-VOUS VOTRE POUVOIR.

21. Treize

Le féminin divin. Appropriez-vous votre pouvoir.

Le nombre 13 est associé à la mort, à la renaissance, à la création, à la fertilité et au sang. Il représente également la féminité. La magie, la symbolique et les significations associées au 13 remontent loin dans le temps.

Nous avons souvent des années à 13 lunes. Une femme a ses règles en moyenne 13 fois par an et ovule le 13e jour de son cycle. À l'époque païenne, l'année était divisée en 13 mois ; un nouveau mois commençait tous les 28 jours, en cohésion avec la Lune et les cycles menstruels féminins. De ce fait, lorsqu'une femme saignait, on considérait qu'elle incarnait le Divin.

Avant l'époque patriarcale moderne, le vendredi 13 était considéré comme le jour de la déesse, le jour pour vénérer le divin féminin et honorer les cycles de la vie, de la mort et de la renaissance.

Ne laissez pas des événements du passé et des préjugés vous retenir. Ne laissez personne vous dire ce que vous êtes censée ressentir ou comment vous comporter. Ne vous obligez pas à vous conformer. Établissez vos propres règles. Conquérez pleinement votre pouvoir. Souvenez-vous : vous êtes une déesse de chair et de sang, vous avez un pouvoir que personne ne peut dompter, ni vous retirer.
« J'ai invoqué la déesse et je l'ai trouvée en moi » a écrit Marion Zimmer Bradley.

RITUEL DU NOMBRE MAGIQUE 13

Utilisez ce rituel si vous vous sentez mal assurée, nerveuse ou agitée.

- Prenez place, munie d'un stylo et d'une feuille de papier.
- Faites la liste de 13 qualités que vous possédez et dont vous êtes la plus fière. Soyez honnête avec vous-même. Cette liste est personnelle et confidentielle.
- Lorsque vous avez terminé, conservez-la dans votre journal intime ou fixez-la sur votre miroir, de sorte que chaque fois que vous douterez de vous, vous puissiez vous y référer.
- Que cette liste vous rappelle combien vous êtes incroyable, forte et compétente.

22. MIROIR, MIROIR

LA BEAUTÉ QUE TU VOIS EN MOI EST UN REFLET DE TOI-MÊME.

22. Miroir, miroir

La beauté que tu vois en moi est un reflet de toi-même.

Chaque personne dans votre vie est un miroir qui reflète des parties de votre conscience ainsi avez-vous la possibilité de vous voir telle que vous êtes. Ce reflet permanent vous permet de grandir. Les qualités que nous admirons le plus chez les autres sont probablement les nôtres, et les défauts que nous détestons le plus chez eux sont souvent déjà présents en nous. Quand vous regardez telle ou telle personne, vous arrive-t-il d'avoir ces pensées : « Comme j'aimerais être aussi bienveillante, généreuse et positive ». Vous *l'êtes*, vous aussi. Si vous voyez la bienveillance, la générosité ou l'optimisme chez autrui, c'est parce que vous possédez déjà ces qualités, sinon vous ne pourriez pas les reconnaître. Il en va de même pour les qualités qui nous irritent chez les autres : souvent, nous les reconnaissons chez nos ami·e·s et dans notre famille parce que nous savons qu'elles sont en nous sans s'exprimer. Soyez attentive à ce qui déclenche la plus vive réaction en vous. Tirez-en des enseignements. Gardez la tête haute, comportez-vous avec les autres comme vous aimeriez qu'ils se comportent avec vous. Thomas Dreier a écrit : *« Le monde est un extraordinaire miroir. Il vous renvoie le reflet de ce que vous êtes. »*

RITUEL D'OBSERVATION ET D'INTROSPECTION

Observez quelles personnes, ou quelles qualités, déclenchent en vous une réaction positive ou négative. Qu'est-ce qui vous agace ou au contraire, vous inspire ?
Par exemple, si votre ami·e, votre partenaire, est excessivement gentil·le et optimiste, que sa nature positive suscite en vous de la frustration, c'est peut-être parce que vous aimeriez devenir plus bienveillante et plus positive, mais que vous vous y

refusez. Interrogez-vous : pourquoi résistez-vous à ce changement ?

Si l'on vous manque de respect, demandez-vous envers qui vous avez un comportement irrespectueux – ami·e, inconnu·e ou vous-même. La seule raison pour laquelle ces qualités provoquent une réaction en vous, c'est parce qu'elles sont aussi les vôtres. Tant que vous ne l'admettrez pas, vous ressentirez sans cesse de la frustration. Les reconnaître vous donne la chance de grandir.

23. CERCLE DE FEMMES

LE POUVOIR DE LA SOLIDARITÉ FÉMININE.

23. Cercle de femmes

Le pouvoir de la solidarité féminine.

Seule la sororité est plus puissante que la magie. Nous avons besoin de connexion et de sentiment d'appartenance à une communauté de femmes. De relations profondes. Une authentique sororité nous permet de comprendre que nous ne sommes pas seules, que nos problèmes et nos inquiétudes sont réels, dignes d'être écoutés et entendus. Une authentique sororité célèbre la réussite d'une autre femme, sans jalousie ni envie. Elle vous offre aussi une épaule sur laquelle pleurer et, si nécessaire, un bon coup de pied aux fesses pour vous rappeler d'agir si vous voulez atteindre vos objectifs.

Ne laissez pas vos peurs, vos insécurités ou votre besoin de tout contrôler vous empêcher de vous connecter aux autres femmes. Choisissez d'être une sœur pour chaque femme que vous rencontrez. Nous sommes sœurs, et toutes, nous avons besoin les unes des autres. La vulnérabilité peut terrifier. La vie est terrifiante sans le soutien de vos sœurs. « *D'instinct, les femmes savent comment se soutenir les unes les autres, et le seul fait d'être les unes avec les autres est réparateur* », affirme Tanja Taljaard.

RITUELS DE SORORITÉ

Si vous n'avez pas encore trouvé vos sœurs de cœur, ne vous inquiétez pas. Faites ce que vous aimez et vous rencontrerez des personnes que vous aimerez. Restez fidèle à ce que vous êtes, soyez authentique. Votre vibration attirera les sœurs de votre tribu. N'oubliez pas que celles que vous cherchez vous cherchent aussi. Montrez-vous, soyez brave. Inscrivez-vous à des séminaires et des retraites, à des cours ou des activités qui renforceront votre autonomie et vous inspireront !

Si vous avez déjà une tribu, chérissez vos sœurs, aimez-les profondément. Efforcez-vous de rester connectées : posez des questions, soyez réceptive et attentive. Parfois, la vie est éprouvante ; si vous êtes éloignées les unes des autres, gardez le contact. Improvisez une réunion mensuelle, organisez des cercles de la pleine lune, des clubs de lecture, etc.

24. FLEUR DE LUNE

ÉPANOUISSEZ-VOUS, MÊME LOIN DES REGARDS.

24. Fleur de lune

Épanouissez-vous, même loin des regards.

Qui êtes-vous dans vos moments les plus calmes, lorsque vous êtes seule, loin des regards ? Qu'est-ce qui exalte votre âme, vous passionne le plus ?

L'ipomée blanche, aussi appelée fleur de lune, éprouve la puissance de tous les éléments. Elle ne croît qu'à la lueur de la lune, elle n'en est pas moins d'une grande beauté. Elle s'épanouit en solitaire, pour elle seule, dans le silence.

Grandir n'est jamais une expérience linéaire. Pour un pas qui vous porte vers l'avant, deux pas en arrière sont parfois nécessaires. Ne vous appesantissez pas sur ce que vous ne pouvez contrôler, par exemple le jugement des autres. Seule compte votre progression. Travaillez à vous élever. Restez fidèle à ce que vous êtes. Hâtez-vous lentement, sans perdre courage. Soyez la meilleure version de vous-même. Comme la fleur de lune, épanouissez-vous dans le silence. Chaque succès, chaque histoire, commence avec vous. Tout le reste en découlera. Un proverbe bouddhiste dit : *« Tout comme le lotus, nous avons aussi la capacité de sortir de la boue, de fleurir hors de l'obscurité et de rayonner dans le monde. »*

RITUEL DE LA FLEUR DE LUNE

- Prenez place, munie d'un stylo et d'une feuille de papier.
- Posez-vous cette question : que ferais-je si j'avais la certitude de ne pas échouer ? Si vous saviez que l'Univers soutient vos commencements, seriez-vous assez courageuse pour vivre pleinement votre vie ?

25. VRAI NORD

RESTEZ FIDÈLE À CE QUE VOUS ÊTES.

25. Vrai Nord

Restez fidèle à ce que vous êtes.

Le vrai Nord est votre boussole intérieure, dont vous êtes la seule propriétaire ; elle incarne votre être profond. C'est votre point fixe dans un monde sans cesse en mouvement. Vos croyances et valeurs sont au centre de votre vrai Nord.

La vie peut parfois être déroutante et nous tirailler de toutes parts. Dans ces moments de chaos, nous devons rester ancrées et prendre des décisions en notre âme et conscience, selon notre cœur. Nous ne pouvons laisser notre famille, nos proches, nos ami·e·s, nos amant·e·s ou notre culture influencer nos décisions. Lorsque nous ignorons notre vrai Nord pour écouter les autres, nous ne sommes plus en phase avec notre vrai Moi et avec le but ultime de notre vie.

Soyez responsable de votre bonheur ! Cessez de vivre en fonction des attentes de votre entourage. Préférez la voix de l'intuition à celle de la raison. Renoncez à l'autodénigrement, à l'autocritique. Aimez-vous. Restez fidèle à votre vrai Nord. Faites confiance à votre intuition. Osez rêver en grand. *« Le bateau est plus en sécurité quand il est au port, mais ce n'est pas pour cela qu'ont été construits les bateaux »*, a écrit Paulo Coelho.

RITUEL POUR TROUVER VOTRE VRAI NORD

Prenez votre journal intime et réfléchissez aux questions suivantes. Elles vous guideront vers votre vrai Nord.

- Quelle était votre activité préférée lorsque vous étiez enfant ?
- La pratiquez-vous encore aujourd'hui ?
- Comment vos ami·e·s vous décriraient-ils ?
- Comment vous décririez-vous ?
- Qu'est-ce qui vous stimule et vous inspire ?
- Qu'est-ce qui vous épuise ?

- Qu'est-ce qui vous tient éveillée la nuit ?
- Quelles sont les qualités dont vous êtes la plus fière ?
- Quel est le but de la vie ?
- Qu'est-ce qui compte le plus dans votre vie ? (Prenez du temps pour répondre à cette question. Cette liste est personnelle et restera confidentielle, donc soyez honnête avec vous-même).
- Quelles sont les trois personnes avec lesquelles vous passez le plus de temps ? Êtes-vous en leur présence ? Partagez-vous les mêmes valeurs ?
- Qui vous complimente le plus ?
- Si l'argent ne comptait pas, que feriez-vous ?

26. MANIFESTATION
(LOI DE L'ATTRACTION)

CE QUE VOUS CHERCHEZ VOUS CHERCHE.

26. Manifestation (loi de l'attraction)

Ce que vous cherchez vous cherche.

La loi de l'attraction, ou la « manifestation », vous permet de réaliser, de matérialiser vos souhaits et pensées. Vous l'avez déjà fait cent mille fois voire plus, vous continuez à le faire à chaque minute, consciemment ou non. Manifester quelque chose, c'est attirer des événements positifs au moyen de pensées positives. Par exemple, lorsque nous recherchons le bonheur et que nous travaillons vraiment à l'obtenir, nous le trouvons.

Si vous vous concentrez sur un rêve ou une ambition, les lois de la nature concourront à les réaliser et ainsi à vous satisfaire. Vous faites partie de la nature et de l'Univers, la « manifestation » commence donc par vous.

Concentrez-vous sur le bonheur, sur vos buts et désirs, plutôt que sur les problèmes et obstacles éventuels. Faites un premier pas vers votre objectif. Cessez de vous dénigrer, allez de l'avant. L'Univers est toujours de votre côté. *« Quand vous voulez quelque chose, tout l'Univers conspire pour vous aider à l'atteindre »*, a écrit Paulo Coelho.

RITUEL DE MANIFESTATION

- Réalisez un tableau de visualisation, car c'est un puissant outil de manifestation. La visualisation permet également de magnétiser et d'attirer les personnes, les ressources et les opportunités dont vous avez besoin.
- Visualisez votre idéal de vie. Imaginez-en chaque détail. Quel serait votre ressenti ? Son odeur ?
- Trouvez des images qui illustrent vos objectifs et qui vous inspirent. (Lorsque vous cherchez des photos dans des magazines, choisissez celles qui provoquent spontanément cette réaction : « Oui, c'est ce que je veux ! »)

- N'oubliez pas d'inclure une image ou des mots qui représentent ce que vous aimeriez ressentir : être aimée, comblée, détendue, en bonne santé…
- Pour tirer le meilleur parti de votre tableau de visualisation, placez-le à un endroit où vous l'aurez chaque jour sous les yeux, afin de rester inspirée, productive, et de continuer à envoyer des signaux à l'Univers.

27. TRANSFORMATION

LÂCHEZ PRISE. FAITES DE LA PLACE ET VOYEZ GRAND.

27. Transformation

Lâchez prise. Faites de la place et voyez grand.

Lorsqu'une chose ne vous est plus d'aucune utilité, elle vous empêche de réaliser votre plein potentiel. Toutes, nous entretenons un ensemble de croyances, d'habitudes, d'objectifs, d'idées ; nous sommes faites de strates et portons des masques avec lesquels nous avons grandi. Ce sont généralement les projections de la société sur nous. Elles vous semblent familières et sécurisantes, mais lorsque vous changez d'objectif et de direction, la plupart ne vous offrent plus aucun soutien. Rien n'est plus normal que d'y renoncer, de reconnaître que telle ou telle chose ne vous est plus utile ; le changement est nécessaire pour grandir. Examinez honnêtement toutes les sphères de votre vie : santé, carrière, relations, spiritualité... Y a-t-il quelque chose qui vous retient ? Ou que vous désirez sans l'obtenir de peur de lâcher prise ? Soyez bienveillante envers vous-même. Grandir peut être douloureux, mais cela en vaut toujours la peine. Il y a tellement de potentiel et de beauté en vous. Ne laissez rien ni personne vous empêcher de réaliser vos rêves et de vous accomplir.

Deepak Chopra, médecin, écrivain et penseur, a écrit : *« Dans le processus de lâcher-prise, vous perdrez beaucoup de votre passé, mais vous vous trouverez. »*

SORT ÉLÉMENTAIRE DE LÂCHER-PRISE

- Allumez une bougie et prenez place munie d'un stylo et d'une feuille de papier.
- Écrivez 10 obstacles ou difficultés dont vous aimeriez vous libérer. Cela peut être tout et n'importe quoi, des habitudes désagréables, des relations désormais stériles.
- Ensuite, brûlez complètement la feuille de papier (n'oubliez pas de placer un bol d'eau à portée de main). Si le feu n'est pas votre élément de prédilection, enterrez votre feuille ou offrez-la au plan d'eau le plus proche, ou encore déchirez-la en petits morceaux que vous lâcherez dans les airs.

28. MOUVEMENT

L'INSPIRATION EST ATTIRÉE PAR LE MOUVEMENT.

28. Mouvement

L'inspiration est attirée par le mouvement.

Nos corps et nos âmes s'épanouissent dans le mouvement. Si l'inspiration vous fait défaut, si vous ne réussissez pas à trouver la solution à votre problème ou si vous manquez tout simplement d'énergie pour entreprendre quelque chose, levez-vous et bougez ! La stagnation est l'opposé de la création.

Vous pensez que ce ne serait qu'une perte de temps ? C'est loin d'être le cas ! La créativité et l'inspiration ont besoin de mouvement pour affluer. Faites une pause, puis partez vous promener, changez d'air et de décor, pratiquez une activité inhabituelle ou stimulez votre corps et votre esprit. Laissez l'inspiration et les idées nouvelles et innovantes circuler en vous ! Pour Joseph C. Zinker, *« toute activité créative commence par le mouvement. »*

RITUEL POUR ATTIRER L'INSPIRATION

Levez-vous, bougez ! Changez vos habitudes, faites-vous une manucure, aérez-vous, étirez vos muscles endoloris ou inscrivez-vous à un cours de yoga et transpirez !

Plus important, programmez des jours où vous n'aurez pas à penser à votre activité professionnelle, à votre création, à votre projet, ou à vos plans. Concentrez-vous sur quelque chose de différent.

Quand vous marquez une pause pour vous détendre ou entreprendre une autre activité, votre esprit se repose et se régénère, ce qui stimule alors votre productivité.

29. MESSAGER

ÉCOUTEZ ET APPRENEZ.

29. Messager

Écoutez et apprenez.

Votre messager est un esprit qui vous guide, un ange, un totem, une puissance supérieure, un·e ami·e ou un·e enseignant·e. Il est pure sagesse et attire l'attention sur les aspects de votre vie qui doivent être reconnus, explorés ou modifiés, du moins si vous êtes prête à l'écouter.

Certaines personnes passent leur vie à chercher leur messager, d'autres sont nées en ayant connaissance du leur. Il est l'incarnation de votre subconscient.

RITUELS POUR CONTACTER VOTRE MESSAGER

- *Si votre messager ne s'est pas encore révélé à vous,* passez du temps en plein air, observez votre environnement et prêtez attention à vos rêves. Vous pourriez découvrir la présence récurrente d'un animal.
- Prenez également note de rencontres régulières avec des animaux, sous forme physique ou symbolique (objet ou image). La répétition pourrait être un signe. Vous pouvez également méditer sur les détails de votre familier.
- Quelle que soit la méthode que vous choisissiez, veillez à ne rien forcer. Votre messager se révélera quand vous serez prête.

- *Si votre messager s'est déjà présenté à vous*, recherchez les traits archétypaux, les qualités et les modèles qu'il incarne sous une forme animale. Cela vous aidera à devenir plus consciente de sa présence, vous commencerez à comprendre quels signes sont des messages.
- La nature de votre messager peut avoir un impact profond sur votre vie, et il vous enseigne souvent des leçons qui, sinon, vous échapperaient.
- Vous pouvez également travailler avec votre messager par le biais de la méditation ou de la prière en lui demandant de vous montrer un signe ou de vous guider.

30. VISION CLAIRE

ÉNONCEZ CLAIREMENT VOTRE INTENTION.

30. Vision claire

Énoncez clairement votre intention.

Si vous ne savez pas ce que vous voulez, comment le demander ? Vous avez besoin de définir clairement vos désirs et vos intentions.

Souvent, la clarté de notre vision s'obscurcit lorsque nous sommes préoccupées, distraites ou dépassées par les événements. Avoir une vision claire, c'est vivre mieux, même dans les moments de confusion et de doute. Vos désirs changent sans cesse. Parfois, vous nourrissez les mêmes pendant des années ; d'autres fois, ils évoluent en l'espace d'une heure.

Qu'il s'agisse d'un souhait que vous avez toujours voulu réaliser, ou dont vous venez seulement de prendre conscience, énoncez-le clairement. En cas de changement par la suite, adaptez-vous. Rien n'est plus normal que de changer d'avis.

Pour avoir une vision claire, supprimez « l'excédent ». Le superflu obscurcit la clarté. Trouvez la lumière. Créez votre espace. Ne vous dispersez pas. Éliminez les distractions. L'heure est aux défis et aux expériences. Selon Rick Warren, *« la vision est la capacité de voir le potentiel dans ce que les autres négligent. »*

SORT DE CLARTÉ

- Commencez par ranger et nettoyer votre espace personnel. Si votre environnement domestique ou professionnel est encombré ou en désordre, vous pourriez ressentir un effet de « brouillard cérébral ». Un nettoyage en profondeur permettra de purifier l'air. Utilisez les fumigations de Palo Santo, de sauge, de romarin ou de cannelle, et ouvrez toutes les fenêtres pour inviter une énergie nouvelle à entrer.
- Puis prenez votre journal intime et un stylo. Notez ce que vous désirez le plus intensément. Passez en revue toutes les sphères de votre vie.
- Le lendemain matin, relisez votre liste et demandez-vous si quelque chose a changé depuis la veille. Peut-être devrez-vous y ajouter ou retrancher un élément. Rien n'est plus normal.
- Prenez l'habitude de consulter régulièrement la liste de vos souhaits. La constance encourage les changements positifs.

31. CONFIANCE

L'UNIVERS VOUS RÉSERVE DE GRANDS PROJETS.

31. Confiance

L'Univers vous réserve de grands projets.

Pour faire vraiment confiance à l'Univers, apprenez à vous faire confiance, à vous fier à votre esprit, à votre corps, à votre cœur et à votre âme.

Lâcher prise et perdre la maîtrise de soi ou des événements n'est pas toujours facile, surtout dans une société qui valorise le contrôle, la planification et l'organisation. Tout contrôler est souvent illusoire.

Soyez patiente. Demandez à l'Univers de vous guider. Agissez. Restez fidèle à votre vision intuitive. Soyez attentive aux signes, accueillez le bon et le beau. Il faut de la pratique pour se faire confiance et faire confiance à l'Univers.

N'oubliez pas que, parfois, ne pas obtenir ce que nous désirons est une bénédiction.

« Faites confiance à qui et à ce que vous êtes, et l'Univers vous soutiendra de manière miraculeuse », affirme Alan Cohen.

RITUELS DE CONFIANCE

La confiance est le voyage sans destination de toute une vie. Voici quelques rituels quotidiens simples pour vous apprendre à faire confiance à l'Univers.

- Écrivez une lettre à l'Univers pour lui demander quelque chose que vous désirez vraiment. Essayez d'être aussi précise que possible. Ne vous préoccupez pas de la façon dont il accédera à votre demande, concentrez-vous seulement sur la demande. Faites confiance à l'Univers.
- Commencez votre matinée par une liste de gratitudes. Il y a tant de raisons de se montrer chaque jour reconnaissante. Réfléchissez à ce que vous avez demandé à l'Univers, récemment. Vos souhaits se sont-ils réalisés ?
- N'abandonnez pas face aux difficultés. Qui sait si l'Univers ne teste pas votre engagement envers vos objectifs ?

32. RAYON DE LUNE

VOUS ÊTES SUR LA BONNE VOIE.

32. Rayon de Lune

Vous êtes sur la bonne voie.

Si vous êtes attentive, vous remarquerez que l'Univers vous envoie des signes qui vous montrent votre voie et votre but. Il vous indique où aller et quoi faire. *« Si cela ne provoque pas votre enthousiasme, vous n'êtes pas sur la bonne voie »*, enseigne Abraham Hicks.

LES SIGNES INDIQUANT QUE VOUS ÊTES SUR LA BONNE VOIE

- Vous vous sentez motivée et enthousiaste.
- Vous avez un sentiment de déjà-vu.
- Vous voyez des séquences de nombre comme 111 ou 11:11, 4:44, 13:31, etc.
- Les obstacles ne vous ralentissent pas.
- Vous pratiquez des activités qui vous rendent heureuse.
- Les ressources apparaissent comme par magie.
- Vous êtes bien sûr parfois fatiguée, mais pas épuisée ni vidée.
- Vous reconnaissez votre valeur, votre entourage vous renvoie le reflet de cette reconnaissance.

Parfois, ne pas recevoir de signes est en réalité un signe ! Lorsque vous demandez une manifestation et que vous n'en recevez pas, cela peut signifier que vous n'êtes pas alignée avec votre but, vos rêves ou votre intention ultime. Dans ce cas, marquez une pause, réfléchissez, et réévaluez vos objectifs et votre plan d'action. Choisissez la voie le plus courageuse !

33. SOLEIL

TROUVEZ L'ÉQUILIBRE.

33. Soleil

Trouvez l'équilibre.

La vie est une question d'harmonie et d'équilibre, comme le jour et la nuit, le yin et le yang, l'eau et le feu, la masculinité et la féminité, le travail et le repos... L'équilibre n'est pas un but en soi, c'est une quête continue. Un élément essentiel de la vie.

L'harmonie se manifeste de différentes manières. Vous êtes la mieux placée pour savoir où doit se situer le curseur, et sur quoi travailler dans ce but. Votre travail et vos relations sont-ils en déséquilibre ? Votre créativité ? Vos responsabilités ? Votre santé ? Vos objectifs ? Cherchez les signes avant-coureurs d'un décentrage : êtes-vous encline aux excès ? Manquez-vous sans cesse de temps ? Remettez-vous constamment vos projets, vos rêves à plus tard ?

Les petits gestes du quotidien contribuent à renforcer l'équilibre. La constance en est toujours la clé. Prenez soin de vous, fixez-vous des objectifs réalistes. N'oubliez pas vos priorités, formez des projets et organisez-vous en laissant de l'espace à l'inattendu. La vie est un acte d'équilibre, et d'une telle beauté ! Albert Einstein disait : *« La vie, c'est comme une bicyclette, il faut avancer pour ne pas perdre l'équilibre. »*

SORT D'ÉQUILIBRE

- Prenez place, avec un stylo et un carnet.
- Sur une première page, faites la liste de vos soucis ou excès.
- Sur une seconde page, écrivez ce que vous aimeriez voir plus souvent dans votre vie.
- Une fois vos listes achevées, examinez-les sans porter de jugement. Essayez de trouver du positif dans le négatif et inversement. Soyez indulgente envers vous-même. Chaque élément de votre liste existe à un moment donné dans votre vie et y a donc sa place.

- Cette étape n'est pas destinée à vous fustiger pour vos mauvaises habitudes, ni à établir un plan minutieux pour rester productive. Son but, c'est la clairvoyance et la lucidité, c'est de repérer vos points forts et d'identifier les sphères ou domaines dans lesquels vous développer.
- Le lendemain, accomplissez une chose sur deux inscrites sur chacune de vos deux listes. Comment vous sentez-vous ? Ajustez si nécessaire. La vie, c'est commettre des erreurs, apprendre et grandir.

34. INITIER UN CERCLE DE FEMMES

DES LIMITES SAINES SONT ESSENTIELLES À LA CROISSANCE.

34. Initier un cercle de femmes

Des limites saines sont essentielles à la croissance.

La bienveillance envers les autres commence par l'autobienveillance et la connexion à soi. La compassion envers autrui commence par l'autocompassion.
Établir des limites saines est une étape cruciale dans la pratique de l'autosoin. Cela vous permet, non seulement de prendre mieux soin de vous, mais aussi d'être plus fiable pour votre entourage.
Des limites claires vous permettent d'être à l'écoute de vos véritables désirs, sentiments, objectifs, et de vos besoins. Elles ne sont pas seulement le signe d'une relation saine au monde, elles marquent aussi le respect et l'amour de soi.
Ne laissez pas des limites floues vous empêcher d'atteindre votre plein potentiel. Autorisez-vous à fixer les vôtres. Travaillez à les préserver.

Fiez-vous à votre intuition, à vos besoins et à vos sentiments. Ils sont tout aussi importants que ceux des autres. N'ayez pas peur de dire « oui » ou « non » à quelque chose ou à quelqu'un. Ne culpabilisez pas. Le sentiment de culpabilité fait rarement avancer. Grandir est parfois douloureux, mais toujours nécessaire. Selon Mark Groves, *« Les murs vous laissent à l'extérieur. Les limites vous enseignent où se trouve la porte. »*

RITUEL DE MÉDITATION D'AMOUR BIENVEILLANT

Ce rituel vous permet de diffuser plus amplement la bienveillance, envers vous comme envers autrui.

- Asseyez-vous confortablement, adoptez une posture détendue. Fermez les yeux, et respirez profondément.
- Concentrez-vous sur votre respiration. Imaginez que vous inspirez de l'amour et que vous expirez vos soucis et tensions. La méditation d'amour bienveillant se pratique d'abord envers soi-même, car aimer les autres sans s'aimer soi-même est ardu.

- Répétez trois ou quatre phrases ou mantras positifs et rassurants. En voici quelques exemples :

  « Que je sois heureuse. »

  « Que je sois en sécurité. »

  « Que je sois en bonne santé. »

  « Que je sois forte. »

  « Que je sois soutenue dans mon cheminement. »

- Laissez-vous submerger quelques instants par l'amour et l'autocompassion.
- Après avoir fait preuve de douceur envers vous, pensez à un·e ami·e, un membre de votre famille, une personne que vous aimez profondément, ou avec qui vous avez des difficultés relationnelles. Répétez lentement des phrases d'amour bienveillant que vous lui destinez, par exemple :

  « Puisses-tu être heureuse. »

  « Puisses-tu être en bonne santé. »

  « Puisses-tu être en sécurité. »

  « Puisses-tu être en paix et à l'aise. »

Répétez souvent ces phrases d'amour bienveillant.

35. BAGUETTE MAGIQUE

FOCALISEZ VOTRE ÉNERGIE.

35. Baguette magique

Focalisez votre énergie.

Le succès survient de plusieurs façons, le plus souvent à la suite d'une intense concentration.
Notre société nous oblige à être multitâches, ce n'est un secret pour personne. On nous demande d'être toujours plus performants et productifs. En réalité, nous nous dispersons, et par la même occasion nous dispersons notre énergie. Par conséquent, nous n'accomplissons pas grand-chose. Être multitâche est un frein. Si vous voulez changer votre vie en profondeur, choisissez. Concentrez-vous profondément sur le projet de votre choix.
Vous êtes une âme créative et passionnée, aux idées brillantes, mais vous ne pouvez pas tout faire à la fois. À vrai dire, vous risquez de n'exceller en rien si vous n'avez pas le temps et l'énergie nécessaires pour vous concentrer sur une seule tâche, un seul projet.
Vous pouvez réaliser tout ce que vous voulez dans votre vie. Votre potentiel est illimité. Réalisez vos

rêves ! Commencez par un seul projet, concentrez votre attention et votre énergie sur lui. *« Là où va la concentration, l'énergie coule »*, a écrit Tony Robbins.

RITUEL POUR ACCROÎTRE VOTRE CONCENTRATION

Que voulez-vous vraiment actuellement ? Quelle carrière ? Quel changement dans votre vie ? Souhaitez-vous écrire un livre, investir dans des actions ou créer une entreprise ? Peut-être tout cela à la fois, ou même davantage, mais pour l'instant, concentrez-vous sur un seul de vos souhaits. Élaborez un calendrier et engagez-vous au quotidien. Consacrez au moins trente minutes par jour à cet objectif. Ne vous laissez pas distraire.

36. SORTS ET RITUELS

ASSOCIEZ LA MAGIE ET L'AUTOSOIN.

36. Sorts et rituels

Associez la magie et l'autosoin.

L'autosoin est sacré. Ne sous-estimez jamais vos propres pouvoirs de guérison et de protection. Ils sont votre bouclier personnel contre les énergies collectives imprévisibles.

L'autosoin se présente sous diverses formes et rituels. Si vous êtes introvertie, vous soignerez vos plantes, passerez du temps avec des animaux domestiques, lirez un livre ou organiserez un autel personnel.

Si vous êtes extravertie, vous lirez les tarots avec un groupe d'ami·e·s, danserez ou partirez en week-end, etc. L'autosoin prend toutes les formes. Il n'existe pas de rituel universel. Écoutez votre cœur, trouvez la voie qui vous convient. Votre pratique de l'autosoin ne doit pas être nécessairement luxueuse, chère ou digne d'Instagram. Lorsque vous vous sentez stimulée, calme et détendue, vous atteignez votre plein potentiel. *« Prendre soin de soi est la façon dont vous reprenez votre pouvoir »*, a écrit Lalah Delia.

BAIN RITUEL D'AUTOSOIN

- Installez une lumière tamisée, allumez votre bougie préférée, et faites couler un bain chaud*.
- Ajoutez 250 g d'un sel de votre choix pour détendre vos tensions musculaires : sel d'Epsom, de l'Himalaya, de la mer Morte, etc.
- Versez quelques gouttes d'une huile essentielle d'agrume (citron, orange, pamplemousse, etc.) pour stimuler votre humeur et votre énergie.
- Dispersez quelques pétales de rose (pétales séchés ou frais) dans votre bain.
- Entrez dans le bain et placez de la sélénite sur le bord de votre baignoire pour vous protéger et vous guérir. (Veillez à ne pas immerger votre cristal de sélénite, car il se dissoudrait dans l'eau.)
- Respirez profondément.
- Détendez-vous, et imprégnez-vous de la magie.

**Si vous n'avez pas de baignoire, faites un bain de pieds. L'autosoin est propre à chaque individu, alors détendez-vous et trouvez le rituel qui vous redynamise le mieux.*

37. LA MÉDECINE DES SORCIÈRES

CONNECTEZ-VOUS À LA TERRE.

37. La médecine des sorcières

Connectez-vous à la Terre.

Il n'y a pas de meilleur remède que Mère Nature. Elle a le pouvoir de guérir et de régénérer notre corps et notre âme. Elle nous relie à ce qui est plus grand que nous. Être connectée à Mère Nature n'est pas seulement important, c'est essentiel.

Se connecter à la Terre, s'ancrer, nous permet également de nous relier à notre véritable Moi. Cela permet à notre corps et à notre esprit d'accéder à nos véritables dons, à notre pouvoir caché et à nos visions intuitives.

Si vous vous sentez distraite, anxieuse ou encline à la dispersion, cela est le signe que vous n'êtes pas ancrée. Sortez, aérez-vous, respirez, connectez-vous à Mère Nature et prenez soin d'elle. En retour, elle prendra soin de vous. « *À chaque promenade avec la nature, on reçoit bien plus que ce qu'on cherche* », affirmait John Muir.

RITUELS D'ANCRAGE

S'ancrer, c'est retrouver l'équilibre dans le corps en se connectant à Mère Nature. Voici quelques rituels d'ancrage simples qui vous permettront de retrouver votre plein pouvoir personnel, de rester profondément présent à vous-même et au monde, et d'améliorer votre santé physique et mentale.

- Marchez pieds nus, en imaginant que de longues racines partent de la plante de vos pieds.
- Jardinez (de préférence sans gants).
- Mangez des légumes racines.
- Passez du temps en forêt, faites des randonnées.
- Nagez dans les rivières et les lacs.
- Passez au moins quinze à trente minutes par jour en plein air.

38. CHAPEAU DE SORCIÈRE

EXPRIMEZ-VOUS. PARTAGEZ VOS DONS AVEC LE MONDE.

38. Chapeau de sorcière

Exprimez-vous. Partagez vos dons avec le monde.

L'affirmation de soi est importante si vous voulez vivre une vie épanouie et ayant du sens. Elle nous permet d'avoir confiance en nous et en nos actions. Lorsque nous nous exprimons et nous affirmons, nous donnons le meilleur de nous-mêmes. Cela nous encourage à contribuer à notre communauté et à explorer nos vies, nos valeurs et nos idées.

C'est également un moyen extraordinaire de libérer les sentiments négatifs, lourds ou stagnants avant qu'ils ne s'enracinent et ne nous créent davantage de soucis. L'affirmation de soi consiste à transférer l'énergie de nos pensées et de nos sentiments dans le concret ; cela peut passer par l'art, les vêtements, le maquillage, l'écriture, la danse, le chant.

Ne privez pas le monde de votre lumière. Nous devons être toujours plus nombreuses à partager nos dons et notre vision intuitive unique. Toutes, nous avons besoin de votre authenticité. Vos dons sont destinés à être partagés. Racontez votre histoire, inspirez votre entourage. Allen Ginsberg a dit: *« Suivez votre clair de lune intérieur ; ne cachez pas la folie. »*

39. CURIOSITÉ

QU'EST-CE QUI ÉVEILLE VOTRE INTÉRÊT ?

39. Curiosité

Qu'est-ce qui éveille votre intérêt ?

Faire preuve de curiosité est essentiel si vous voulez être ouverte d'esprit et explorer des opinions, des modes de vie et différents sujets. Les gens curieux posent des questions, lisent et réfléchissent.

L'envie d'apprendre et de connaître des choses nouvelles aiguise l'esprit. L'exercice de la curiosité nous permet d'envisager de nouvelles possibilités, de faire de nouvelles expériences et d'instiller de l'enthousiasme dans notre existence. Cela nous connecte aux autres et nous rend plus conscientes de nous-mêmes. Curieuses, nous sommes plus ingénieuses. Nous posons plus de questions, réfléchissons à un plus grand nombre de perspectives et sommes plus inventives et créatives.

Si vous vous sentez bloquée, en manque d'inspiration ou à court d'idées, interrogez-vous : « Qu'est-ce qui éveille mon intérêt ? ». Parfois, la curiosité, c'est comme démêler une pelote : vous tirez un fil, et qui sait où cela vous conduira ? Peut-être à la découverte de la passion de votre vie ou d'un lieu dont vous ne soupçonniez pas l'existence… La curiosité a permis la découverte de l'électricité et de continents.

Soyez curieuse, explorez et interrogez.

Albert Einstein affirmait : *« Je n'ai pas de talent particulier. Je suis seulement passionnément curieux. »*

RITUELS QUOTIDIENS DE CURIOSITÉ

- Entraînez-vous à avoir un esprit en éveil et à être toujours ouverte à l'innovation.
- Pensez à poser des questions : quoi ? pourquoi ? quand ? qui ? où ? comment ?
- Essayez quelque chose de nouveau. Choisissez un itinéraire inhabituel pour rentrer chez vous, lisez un livre dans un genre que vous évitez habituellement ou allez dans un lieu où vous n'iriez pas de prime abord. Chacune de ces activités ouvre votre esprit à de nouveaux horizons.

LES CARTES MESSAGE

40. SIGNE

VOUS CHERCHEZ UN SIGNE, C'EST ICI.

40. Signe

Vous cherchez un signe, c'est ici.

Voici votre autorisation (si vous pensez en avoir besoin) pour commencer à agir et à vivre pleinement votre vie. Le temps est précieux. Ne perdez plus une seconde. Prenez votre baguette magique, levez-vous de votre canapé et partez à la poursuite de vos rêves ! Votre potentiel est illimité. Des milliers de mains invisibles vous soutiennent sur votre parcours.

41. OUI

ALLEZ-Y !

41. Oui

Allez-y !

Il est temps de partir à la conquête de vos rêves. Tout est possible. N'oubliez pas que l'Univers soutient votre voyage, vos idées et vos intentions. Laissez cet élan vous pousser vers le succès. Cela commence aujourd'hui !

42. NON

DEMAIN EST UN AUTRE JOUR.

42. Non

Demain est un autre jour.

Certes, vous souhaiteriez une réponse différente, mais parfois la réponse est « non ». Les idées ne sont pas toujours sûres, les risques n'en valent pas toujours la peine.

Aujourd'hui, la réponse est « non ». Soyez patiente. Demain est un autre jour, la situation pourrait changer. Une idée qui est risquée aujourd'hui pourrait s'avérer infaillible demain.

REMERCIEMENTS

Merci, chère lectrice, d'avoir choisi *L'Oracle de la sorcière de la Lune* et de m'avoir permis de partager cette magie avec vous.

Merci à mon entreprise de m'avoir licenciée et de m'avoir poussée à me concentrer sur mon expression créative à temps plein.

Merci, Mère Nature, pour la lumière du Soleil, pour tes fleurs et ton inspiration constante. Merci d'avoir envoyé des cerfs dans mon jardin chaque soir pour admirer le coucher de soleil à mes côtés. Merci d'avoir choisi mon jardin pour donner naissance à deux Bambi au printemps dernier. La médecine du cerf a apporté tant de joie et de paix dans mon cœur. Je t'en serai éternellement reconnaissante.

Merci, Mikita, d'être mon roc. Il n'y a pas assez de mots au monde pour exprimer l'amour et la gratitude que je ressens pour toi. Merci d'être toujours restée à mes côtés, même lorsque j'étais au plus bas.

Merci à ma communauté en ligne de sorcières, de déesses et de femmes fortes et courageuses !

Continuons à partager nos connaissances, à nous inspirer et à nous soutenir mutuellement.

Merci à vous. Je vous aime !

À PROPOS DE L'AUTRICE

Cosmic Valeria est une sorcière moderne, artiste, écrivaine, et propriétaire de *Flowers and Feelings Apothecary*. Elle aide les femmes à associer autosoins et magie, à se reconnecter à l'énergie de la Lune et à célébrer le féminin sacré qui vit en chacune de nous.
Elle est née et a grandi en Sibérie, en Russie.
Elle vit actuellement dans les forêts de Virginie, avec sa compagne et ses deux chats.

Vous pouvez trouver plus d'inspiration sorcière sur : cosmicvaleria.com

MES NOTES PERSONNELLES

MES NOTES PERSONNELLES

MES NOTES PERSONNELLES

MES NOTES PERSONNELLES

Publié pour la première fois aux États-Unis par Cosmic Valeria
sous le titre *Moon witch*
Texte : ©2021 Cosmic Valeria
Couverture : Marie-Noël Dumont
Illustration : Marie-Noël Dumont

Édition française et traduction

Tous droits de traduction, d'adaptation et de reproduction, totale ou partielle, pour quelque usage, par quelque moyen que ce soit, réservés pour tous pays.

Direction : Catherine Saunier-Talec
Responsable éditoriale : Lisa Grall
Éditrice : Sophie Bartczak
Traduction : Véronique Minder
Correction-adaptation : Sylvie Dumon-Josset
Mise en page : CGI
Fabrication : Anne-Laure Soyez
Responsable partenariat :
Dana Lichiardopol – dlichiardopol@hachette-livre.fr
Dépôt légal : février 2023
ISBN : 978-2-01-946419-6
19-7650-7/03

Imprimé en Chine en octobre 2023.

Nous utilisons des papiers composés de fibres naturelles, renouvelables, recyclables et fabriqués à partir de bois issus de forêts adoptant un système d'aménagement durable. En outre, nous travaillons avec des fournisseurs de papier qui s'inscrivent dans une démarche de certification environnementale reconnue.

© 2023, Le lotus et L'éléphant, un imprint d'Hachette Livre
58, rue Jean Bleuzen – 92178 Vanves Cedex